Autour de Mouzaïa

NOTES DE VOYAGE

RECUEILLIES PAR

Arthur DUBOIS

BEAUNE

IMPRIMERIE ARTHUR BATAULT

1894

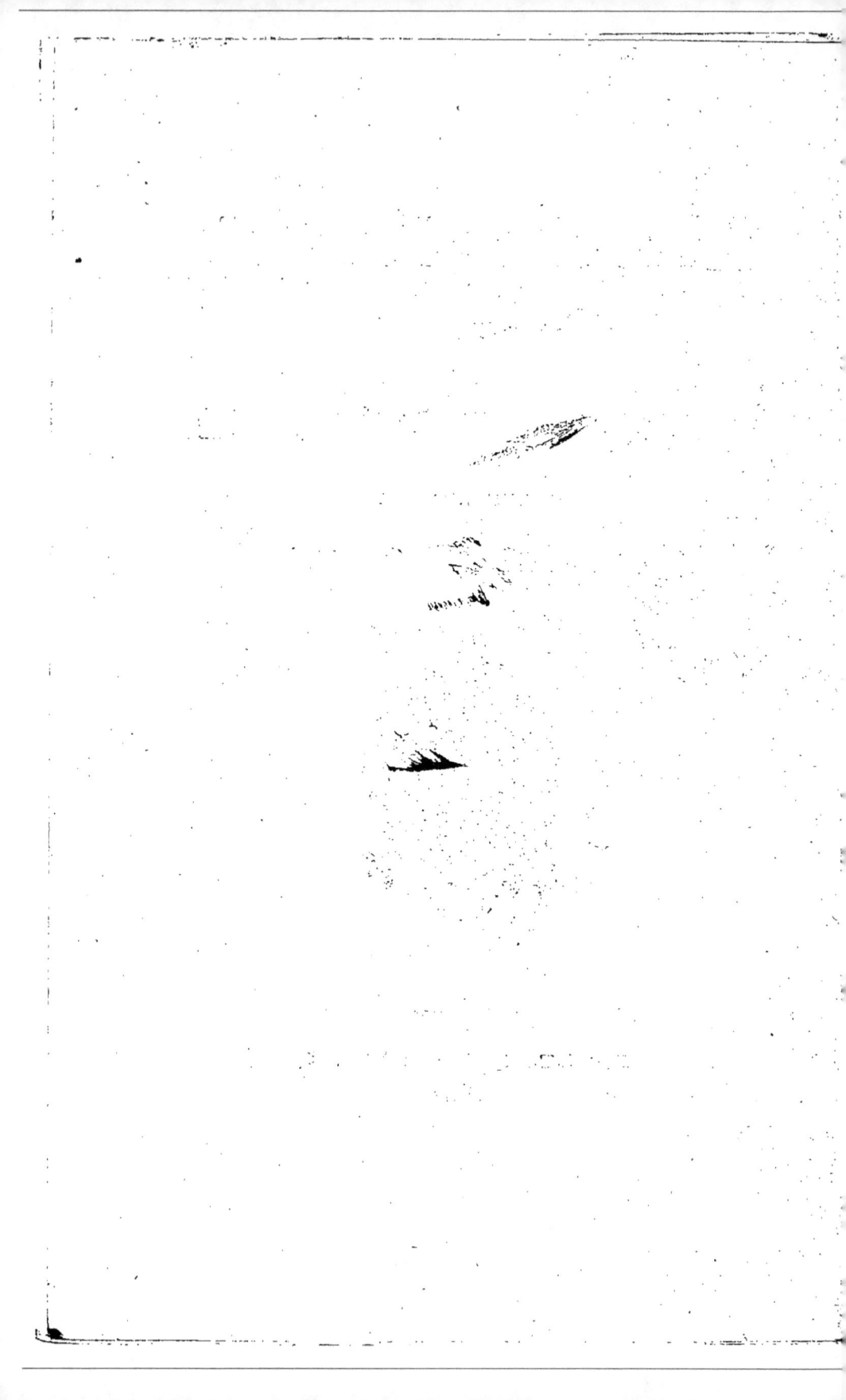

Autour de Mouzaïa

NOTES DE VOYAGE

RECUEILLIES PAR

Arthur DUBOIS

BEAUNE

IMPRIMERIE ARTHUR BATAULT

1894

A mon jeune ami bourguignon
J.-L. Ferdinand Michel

Beaune, le 1ᵉʳ janvier 1894.

Mon cher Ferdinand

Ces " Notes " ont presque ton âge ; mais le Monde roule assez lentement, pour qu'à douze années près la vérité géographique ne soit pas trop modifiée.

Après tout, ce n'est pas à titre de nouveauté que je te les offre ; c'est seulement pour te laisser, après moi, un affectueux souvenir de ton vieil ami,

Arthur Dubois.

I

Le Tour du Sahel

M. Cortambert, l'infatigable fabricant de géographies à l'usage des collégiens français, déclarait, à la page 678 de la seizième édition de son cours, qu'il existait alors, dans le département d'Alger, « deux » MOUZAIA (Mouzaïa-Ville et Mouzaïa-les-Mines), » près de la montagne du même nom. » — Le géographe universitaire retardait ; car il y avait déjà belle lurette que la compagnie des mines de Mouzaïa s'était fondue au soleil d'Afrique, en même temps que l'argent de ses actionnaires, et que le tas de maisonnettes et de gourbis, où logeaient ses mineurs, se trouvait à l'état de vulgaires décombres !

Quant à Mouzaïaville, c'est une petite localité bien vivante et charmante : le 2 janvier 1867, un tremblement de terre en a renversé toutes les maisons ; mais l'énergie des colons mouzaïavillois a bien vite relevé le village de ses ruines ; il prospère, depuis des années ; des vignes superbes l'entourent ; et le vin de l'ami Benjamin Sardier, ce brave et intelligent colon, ne serait pas dépaysé dans une cave beaujolaise ou bourguignonne.

.... Nous sommes au milieu du mois de septembre ; l'atmosphère est tiède et limpide ; un train va passer. Quelle magnifique occasion de faire à peu près le tour du SAHEL ! En wagon, donc !

Moins d'un quart d'heure plus tard, le train nous dépose à la gare d'EL-AFFROUM. Une diligence attend à la porte ; nous installons nos personnes sur l'impériale : et, fouette, cocher ! — Route plate et droite, jusqu'à MARENGO. — Mais le soleil commence à baisser ; la température baisse plus vite encore ; la fraîcheur nous gagne, et nous ne tardons pas à grelotter sérieusement. — Le paysage s'accidente ; le pays verdoie et devient broussailleux ; nous longeons le pied du majestueux CHESNOIS qui, s'élevant en pente, d'abord douce, puis rapide, va retomber verticalement dans la mer azurée, après avoir offert, à sa cîme, un éternel piédestal à la colonne de fer qui fixe là-haut le MÉRIDIEN DE PARIS. — Puis voici la Méditerranée, calme et scintillante sous les caresses des rayons de lune ; mais comment admirer, quand on frissonne ?

A dix heures du soir, enfin, nous atteignons CHERCHELL. C'est le troisième jour de la fête communale ; on danse encore en plein d'air, à la lueur fumeuse des lampions ; les hôtels regorgent. Cependant, à force de démarches, nous découvrons au Café des Messageries des lits, mais rien à souper. Nous supplions si tendrement la cuisinière, qu'elle finit par nous tirer du fond de son laboratoire un vieil os, où nous rongeons de quoi ne pas mourir.

Le lendemain, zigzags dans la ville et ses alentours. — Nous pénétrons dans une vieille citerne romaine, au fond de laquelle un jeune colon soutire un petit vin clairet. Les murailles de la citerne ont plusieurs pieds d'épaisseur; elles sont néanmoins crevassées, effondrées : ce ne peut être que l'œuvre des tremblements de terre. — D'autres ruines abondent, méritant d'être vues ; le temps nous manque, et nous le regrettons.

La ville, plus arabe qu'européenne, domine la mer ; son port minuscule nous semble bien aménagé, mais il n'abrite que des barques. — Derrière la ville, une anse à plage sablonneuse nous invite au bain ; malheureusement, nous ne nous sentons pas encore assez guéris de nos frissons de la veille, et la prudence n'est jamais superflue, quand il s'agit d'éviter les fièvres africaines.

Le jour suivant, jeudi, retour à MARENGO, par le même chemin de l'avant-veille, que le soleil égaye, cette fois. A mi-route, après une série de débris d'aqueducs romains, le hameau de ZURICH, noyé dans une humide verdure, qui serait délicieuse, n'était la fièvre qu'elle enfante. Sauvons-nous. — Le Café des Messageries de MARENGO nous offre un assez bon dîner pour deux francs. — A une heure, en voiture (est-ce bien une voiture ?) pour TIPAZZA.

Nous contournons le CHESNOIS, et revoyons la mer, en traversant des kilomètres de ruines et des myriades d'antiques sépultures. — Quelle immense ville avaient donc les Romains ou les autres, dans les alentours de TIPAZZA pour y avoir creusé tant de blocs en forme de cercueils ? — Quant au TIPAZZA de nos contemporains, quel trou ! Deux hôtels au bord de la Méditerranée, mais quelles cassines ! « L'Hôtel des Thermes » ne peut nous donner qu'un seul petit lit à quarante sous pour deux ; « l'Hôtel des Bains de Mer » nous offre une cuillerée de ragoût misérable à trente sous par tête ! — Nous montons au phare, qui s'élève tout auprès, sur une falaise, et nous attendons, en écoutant le bruissement des vagues, le moment de gagner notre demi-couchette.

A cinq heures du matin, le vendredi, nous voilà sur la rive. Est-ce bien un port, que prétendent représenter les blocs, plus ou moins maçonnés, dispersés dans la mer à quelques mètres de distance ? — Derrière nos hôtels, un beau jardin, parsemé de monuments antiques, recueillis et restaurés par les soins éclairés d'un archéologue millionnaire ; nous nous glissons timidement dans le jardin ; nous admirons, avant qu'on nous chasse. Mais l'archéologue de Tipazza ne fait chasser aucun visiteur, et (que ne le savions-nous d'abord ?) montre aimablement les trésors de son musée.

A six heures, en voiture pour CASTIGLIONE. La route suit tous les méandres du rivage, en longeant les collines du Sahel ; nous traversons d'innombrables petits ravins tout verdoyants. Puis, « l'Hôtel du Tapis-Vert » nous sert un dîner copieux, à quarante sous par tête ; nous oublions la gargotte de Tipazza.

Quelle ravissante plage, à CASTIGLIONE, et comme il ferait bon se rouler nu dans le sable, si la diligence pouvait demeurer à nos ordres ! — Quelques bananiers ornent les jardins de leurs feuilles ; ils ne fructifient pas, dans ces parages : les brusques et capricieux coups de vent, qui descendent du Chesnois, brisent sans pitié les plantations ; on les abrite, tant bien que mal, par des rangées de longs roseaux.

Des pêcheurs italiens, travaillant la sardine, venaient autrefois empester la plage de ce délicieux village : on a fini par s'en débarrasser, et le pays y gagne.

Après-midi, encore en voiture, encore tout le long de la mer ! — Nous traversons le Mazafran, qui, se frayant une voie par une échancrure du Sahel, s'étale ensuite doucettement dans la Méditerranée.

Là-bas, devant nous, la pointe de Sidi-Ferruch, où nos troupes abordèrent pour s'élancer à la prise de la capitale algérienne ! — Le temps de la conquête est bien loin déjà dans l'Histoire, et d'immenses vignes, chargées d'énormes grappes, couvrent tout l'emplacement de nos premières victoires.

Nous mettons pied à terre au petit village de Staouéli. J'y tombe juste sur un Algérien qui, l'année dernière, voyageait, dans la même chambrée que moi, sur le paquebot d'Alger à Tunis ; il nous guide à travers champs par un verdoyant sentier. Quarante-cinq minutes plus tard, nous sonnons à la porte du couvent des Trappistes.

Réception solennelle, quoique muette... L'hospitalité nous est accordée de fort bonne grâce. Et, le lendemain, après dîner, sac au dos, et en route pour Cheragas.

Pas de voiture, dans le sens du retour vers Mouzaïaville ; force nous sera donc de pousser jusqu'à Alger, pour revenir par chemin de fer. Nous attendons la diligence : elle est pleine !

Alors, sac au dos, et en route pour DEL IBRAHIM, sur le plateau qui domine le massif des collines du SAHEL. Nous y arrivons à la nuit. — Vaste et bon lit dans un cabaret ; la patronne gémit de ne pouvoir se défaire des pièces espagnoles et chiliennes dont le pays est inondé : nos frères en Israël, qui savent nous apporter les mauvaises monnaies de tout l'Univers, paraissent ignorer le moyen de les retourner à leurs fabricants exotiques.

Dimanche, en voiture pour DOUÉRA. Nous descendons le SAHEL, qui ne tient guère au sommet les promesses viticoles de la base ! — Tristes terrains argileux et pierreux, là-haut ! — Mais, en bas, c'est BOUFARICK, avec son océan de verdure, l'ancien marais pestilentiel devenu la ville joyeuse et florissante !

Et puis, la voie ferrée, jusqu'à notre aimée et gracieuse MOUZAIAVILLE, où nous sommes heureux de retrouver les SARDIER, nos excellents amis !!!..

II

La Ville-des-Roses

Blidah, la Ville-des-Roses, n'a plus autant de rosiers qu'autrefois : les orangers en prennent aujourd'hui la place ; mais l'atmosphère n'en est pas moins embaumée, et ce pays, où fleurit si bien l'oranger, n'est pas indigne de sa gracieuse réputation.

Au dehors des murailles, ce ne sont que massifs de verdure et de fleurs, dominés par les oliviers séculaires du *Bois-Sacré*, dont les souches vénérées portent encore les marques laissées par la mitraille, au jour de la conquête. Et puis, de longues avenues de platanes, dont le feuillage robuste protège les promeneurs contre les ardeurs du soleil africain ; et puis, des jardins, et des jardins encore, et, de toutes parts, le chant des oiseaux et le murmure des ruisseaux limpides.

A la première porte de Blidah se termine la plaine ; à l'autre commence la montagne. De l'une à l'autre porte s'étend la rue *Bab-el-Rabba* (en bas) ou *Bab-el-Sept* (en haut), tirée au cordeau, qui s'avance en pente douce. Au centre, la *Place d'Armes*, avec sa double ceinture de platanes et son grand palmier baignant dans la fontaine aux multiples gerbes. Jusqu'en bas, les orangers, toujours les orangers, dont la verdure se recouvre d'une odorante neige fleurie, au printemps.

D'un côté, les constructions européennes ; de l'autre, les maisons mauresques, toutes plates, éclatantes de blancheur, parce qu'on les passe annuellement deux fois à la chaux ; des ruelles tortueuses, quelques rues bien alignées, découpent ce quartier ; partout une propreté méticuleuse ; les enfants, en guenilles, presque nus, grouillant dans tous les recoins, mais, nulle part, aucune trace de leur présence : la malpropreté musulmane est connue, et, partout ailleurs, s'étale sans vergogne ; Blidah fait à cette règle d'incurie une remarquable exception ; Alger même pourrait prendre une leçon de bonne tenue dans la Ville-des-Roses. Aussi, pas une émanation des rues Blidéennes, qui vienne altérer les effluves parfumées que la campagne déverse nuit et jour sur la ville !

Dans les rues européennes, les maisons trop hautes ayant été secouées par les tremblements de terre, on ne monte plus au-dessus du second étage.

En 1867, les Blidéens ont eu, pour leurs étrennes, des secousses dont la violence a renversé de fond en comble plusieurs villages des alentours : les victimes y ont été nombreuses, parce que les frêles immeubles des colons s'écroulaient comme des châteaux de cartes, les murailles se renversant en arrière, et la toiture n'ayant plus qu'à s'abattre d'un seul bloc sur la tête des habitants. — En ville, on a moins souffert qu'à la campagne ; les masures des indigènes ont tenu bon ; mais, les trépidations continuant, les citadins ont campé sur les places durant trois mois entiers, racontent-ils, contemplant, pour se distraire, les balancements de leurs maisons désertées et la danse des grands arbres.

..... A la porte même de Blidah s'ouvre la vallée de l'*Oued-el-Kébir*. Cette vallée, très étroite, serpente entre des montagnes presque à pic ; des sources d'eau glacée chantent gaiment dans tous les ravins, quelques-unes mêmes très en avant sur les hauteurs. C'est grâce à elles, que la Ville des Orangers et des Roses nage dans un océan de verdure.

Croirait-on qu'un embryon de papeterie s'est construit dans cette vallée sauvage ? Les vieux papiers de la région grimpent jusque-là sur le dos infatigable des petits bourriquots indigènes, et redescendent ensuite chez les épiciers, sous forme de solide papier à sac. Une source fait tourner la roue motrice, en temps ordinaire, et renverse l'usine, en ses jours de fureur. Mais l'industriel ne se décourage pas : usine démolie, usine reconstruite, et le papier se fabrique toujours.

D'ailleurs, l'*Oued-el-Kébir* fait tourner bien d'autres roues, plus puissantes ; et, quand des électeurs grincheux reprochent à la municipalité Blidéenne la poussière de la rue *Bab-el-Sept*, on les invite à compter les charrettes, attelées de huit chevaux, qui traînent jusqu'aux moulins de l'*Oued-el-Kébir* les blés superbes de *la Mitidja*.

Plus loin que les moulins et que la papeterie, se voient de petites constructions blanches, qui protègent la captation des sources dans l'eau desquelles Blidah se désaltère.

Encore plus loin, voilà que l'*Oued-el-Kébir* s'étale, et qu'il n'est plus facile de le traverser, ni même d'en suivre les bords. Il faut donc rebrousser chemin, à moins que..... mais c'est comme une immense muraille, qui se dresse devant nous, jusqu'au ciel bleu foncé; comment l'escalader?... Pourtant, en regardant bien, l'on découvre des points noirs, qui bougent, là-haut; ce doivent être des chèvres. — Où les chèvres ont passé, ne passerons-nous pas bien?

Le plus menu de la bande se glisse, en avant, dans la broussaille, et nous crie que l'on peut se risquer. Risquons-nous donc.

Le soleil darde, comme en pleine Nigritie, bien à plomb sur nos épaules : précieuse douche pour un rhumatisant. Mais, si le pied glissait, quelle mirifique dégringolade!,...

Enfin, nous arrivons près du sommet. — La peine a été rude ; mais quelle récompense!!!...

L'Oued-el-Kébir, n'est plus qu'un fil grisâtre dans les profondeurs de la sinueuse vallée; au débouché, Blidah, qui dresse la tour jaunâtre et carrée de son église, qui étale les terrasses blanches de ses maisons mauresques tout au travers de ses verdoyants massifs d'oliviers, d'orangers et de platanes; puis, verdoyante aussi, mais découpée par les ombres de quelques nuages et les traînées de soleil, toute la la plaine de la Mitidja ; puis, une bordure de collines (le Sahel), sur lesquelles des taches grises nous marquent l'emplacement des villages et des villes ; puis, au-delà, par-dessus tout cet horizon, l'immensité bleue, la Méditerranée !... puis encore, là-bas, là-bas, derrière cette immensité bleue, ce que nos yeux ne voient plus, mais ce que nos cœurs sentent, la France !!!...

« Vive la France ! » crient toutes nos voix, et nous redescendons, les yeux humides et le cœur palpitant.

III

Un Café Maure

Quand le sirocco souffle, arrive la soif ; ombre et liquide se font passionnément désirer : le *Café Maure* nous offre ces deux voluptés à bon compte.

J'ai naturellement choisi l'un des établissements les plus distingués du pays, pour m'y désaltérer et m'y rafraîchir : le patron s'appelle Omar-Berber ; c'est un fort bel homme, un peu gras, qui semble Turc plutôt qu'Arabe ; mais que m'importe, puisque je déterre toujours un fragment de sucre dans le marc de son café.

Le matériel de l'établissement, ce sont des bancs de sapin, très larges, sur lesquels s'accroupissent les consommateurs. Pas de tables.

J'y vois toujours un vénérable *Arbi*, porteur d'une longue barbe blanche en pointe, la pipe entre des lèvres pendantes qui tremblotent sans bruit, pendant qu'il égrène un énorme chapelet noir. Ce vieux Musulman, si résigné d'apparence, a vu l'arrivée des *Roumis;* et ce sont des litanies de haine qu'il marmotte ainsi depuis plus d'un demi-siècle. On lui donne

102 ans ; c'est, dit-on, le grand-père du maître de l'établissement.

Tout auprès, un client fidèle racle doucettement avec un bec de plume d'oie les deux ficelles d'une sorte de guitare informe. Des heures et des heures, ce client cultive ainsi la musique, en dégustant son marc de café, mais sans produire aucun tapage : grande supériorité qu'il possède sur nos tapoteurs de piano !

Omar-Berber est, de plus, coiffeur. Ses rasoirs et le plat à barbe en fer-blanc pendent au mur, alignés à côté de ses tasses. Les cheveux ne sont guère à craindre dans le marc de café, parce que la tête d'un Arabe est toujours (sauf la mèche sacrée) soigneusement pelée comme un jambonneau.

Ce n'est pas tout. Omar-Berber est encore arracheur de dents. Les dents extraites par cet artiste en trois genres sont glissées dans une carafe ébréchée, accrochée au mur par un bout de ficelle. Au-dessus de la carafe, mais sous un cadre vitré, s'étalent enfin les instruments de supplice pour la clientèle, instruments tout à fait européens, d'ailleurs.

Dans un angle, une cheminée, voûtée comme l'entrée d'un ancien four de boulanger, constitue le laboratoire du Cafetier Maure. Comme autrefois dans les Bouillons Duval, la cuisine d'Omar-Berber se prépare à la vue des consommateurs. Et elle est bien simple.

Trois ou quatre cylindres en fer-blanc, munis d'une longue queue, reposent par rang de taille sur la cendre mêlée d'un peu de braise ; des cafetières en fer-blanc, de la dimension d'un demi-verre, sont rangées à portée de la main ; dès qu'un client se présente, l'opérateur met une cafetière au feu, en y versant une pincée de café pilé menu, menu, presque impalpable, et de l'eau puisée dans l'un des cylindres ; il jette en même temps dans une tasse une pincée de sucre concassé très fin ; puis, au bout de ses doigts, il apporte la tasse, après y avoir vidé le contenu de la cafetière.

L'opération dure en tout trois minutes. Sucre, liquide, marc, le tout pour cinq centimes !

Si vous êtes un notable, la cafetière pleine et la tasse vide sont posées à vos côtés sur le banc. Versez vous-même : c'est le grand genre.

Pour votre sou, le gras Omar peut vous servir également une tasse de thé fortement aromatisé de cannelle.

Ne demandez pas autre chose, à moins que ce ne soit de l'eau claire : chacun boit à même un vase en fer-blanc d'un demi-litre, unique pour toute la clientèle.

Quant au lavage des cafetières ou des tasses, c'est comme celui des chopes dans les brasseries allemandes : passage à l'eau, rapide, mais à la serviette, point.

Les chaussures des clients demeurent sous les bancs de sapin, tandis que les pieds nus se balancent dans la salle ou se reploient sous le corps de leur propriétaire.

Et les burnous, ah ! dame ! vous savez, les burnous sont peuplés ; et leur population, qui glisse fréquemment jusque sur les bancs de sapin, s'aventure parfois sous les gilets européens du voisinage.

Mais bast ! La chasse est permise... à domicile !!!

IV

Le Miroir du Jardin-Bizot

La foule Blidéenne, ce matin-là, se portait au *Jardin-Bizot*; le constructeur d'un gigantesque miroir avait annoncé des expériences curieuses ; l'appareil se dressait, en plein soleil, au milieu du merveilleux jardin public dont la ville de Blidah s'enorgueillit avec raison. Vite, nous suivons la foule.....

Tout d'abord, posons le problème :

Si le bois a poussé et pousse encore dans les forêts contemporaines, si les forêts anté-historiques de l'*Epoque carbonifère* ont pu s'accumuler au point de devenir de la houille, c'est grâce à la puissance calorifique des rayons du soleil. — L'astre a donc toujours travaillé pour l'industrie de l'homme, et son labeur est d'autant plus précieux, qu'il est ABSOLUMENT GRATUIT ; mais il deviendrait plus précieux encore, le travail solaire, si, au lieu de se dissimuler pendant des années et des années dans la substance des végétaux, il pouvait s'utiliser *directement*.

C'est ce que l'appareil *Mouchot* (du nom de son inventeur) cherche à réaliser, en recueillant et rassemblant sur un même point une grande quantité de rayons solaires, au moyen d'une surface réfléchissante concave, dont la courbe est appelée par les géomètres UNE PARABOLE.

La courbe parabolique est tracée de telle sorte, que tous les rayons de lumière et de chaleur, arrivant parallèlement à son axe, rebroussent chemin pour se rencontrer tous en un seul point, sur l'axe de la courbe : ce point, c'est le *foyer*. Si la courbe parabolique tourne autour de son axe, on conçoit facilement qu'elle engendre une surface ayant partout la même propriété réfléchissante que la courbe elle-même : on a, de cette manière, la *surface parabolique*.

Un grand miroir de cette forme étant tourné vers le soleil, une énorme quantité de chaleur solaire s'accumulera justement dans l'intérieur de la concavité du miroir, en son foyer. Et ce foyer géométrique deviendra, du coup, un véritable foyer calorifique, à la façon de celui d'une chaudière à vapeur. Qu'on y installe une chaudière même, et la vapeur s'y développera *gratis*.

Le miroir, qu'on nous montre au Jardin-Bizot, est en argent ; mais l'argent ne constitue qu'une couche réfléchissante fort mince, plaquée sur des feuilles résistantes de cuivre, que soutient une charpente en fer.

Au moyen de crémaillères courbes commandées par une petite manivelle, notre miroir peut se tourner, comme on le désire, dans la direction de l'astre qui l'emplit de ses rayons.

La chaudière, placée au foyer du miroir, est noircie.

parce qu'un corps noir absorbe le mieux la chaleur.
— Un manchon de verre entoure la chaudière, en laissant entre le verre et le métal un espace vide, mais où l'air joue naturellement le rôle d'un matelas s'opposant à la déperdition de la chaleur accumulée : c'est ainsi que la chose se passe avec la cloche en verre dont le maraîcher recouvre ses melons.

La vapeur produite s'arrête sous un dôme en cuivre, surmonté d'un manomètre indiquant la pression. — Un tube résistant, mais souple, amène la vapeur depuis le dôme jusque par-dessous le miroir : c'est là que la vapeur trouve le cylindre vertical en fonte dont elle doit actionner le piston. — Par l'entremise d'une petite bielle et d'une manivelle, le piston fait tourner un axe horizontal supportant une poulie. Sur la poulie s'applique une courroie sans fin. La courroie entraîne dans sa course une autre poulie, motrice d'une pompe aspirant l'eau du bassin qui décore le jardin public. — Et les promeneurs voient, de leurs yeux voient, l'eau du bassin JAILLIR GRATUITEMENT.

Ce spectacle scientifique vaut bien, n'est-ce pas, le spectacle mondain, si beau soit-il, du bal immense installé pour la fête sur la *Place d'Armes*, qu'ombragent les grands platanes et le magnifique palmier si chéri des Blidéens.

V

L'Eau chez les Colons

Élever l'eau qui dort sous la terre, quand elle refuse de tomber d'un ciel brûlant, c'est assurer la récolte, c'est arracher le cultivateur à la ruine : il y va de la vie ou de la mort pour les Colons Algériens. Aussi, tout ce qui peut concourir à l'élévation de l'eau doit-il intéresser passionnément les amis de l'Algérie et de sa colonisation.

..... Nous venons de voir, pour la première fois, fonctionner un appareil dont parlent tous les dictionnaires, mais que peu de personnes ont eu l'occasion de rencontrer sur leur chemin : *le bélier hydraulique*...

C'était pendant les fêtes de Pâques ; nous parcourions la vallée du *Chélif*, la *Vallée de la Soif*, comme disent les Colons avec rage, quand la sécheresse a tout tué dans leurs champs. Elle était bien verdoyante alors cette vallée, et promettait des richesses ; les Colons se félicitaient, autant que l'on peut se féliciter d'une promesse de printemps, que souvent l'été ne peut tenir. — Près du gros bourg de *Duperré*, à 45 kil. de *Blidah*, et à 63 kil. en amont d'*Orléansville*, se trouve le domaine du *Bou-Zéhar*..... Des centaines d'hectares défrichés, labourés, semés, et pas une touffe de ce maudit palmier nain, pas une feuille qui ait échappé à la pioche vigilante du Colon. Quelle culture ! Mais, aussi , quelle splendeur de végétation !!

Ah ! c'est qu'elle se trouve en bonnes mains, la ferme du Bou-Zéhar; c'est que la science y vient en aide à la nature... Un industriel Parisien a fourni les capitaux ; un élève de l'Ecole d'Agriculture de Grignon prodigue son savoir ; et, seul au milieu d'un troupeau de manouvriers indigènes à peine émaillé de quelques travailleurs européens, il poursuit avec amour son œuvre de colonisation, de civilisation, de patriotisme.
— Oui, c'est une œuvre éminemment patriotique, oui, c'est une œuvre humanitaire et féconde, que cette conquête, laborieuse mais pacifique, du travail intelligent sur l'inertie fataliste des Musulmans Algériens ! Et la charrue lancée aux bords du Chéliff laissera plus de traces utiles dans le sol calciné de cette nouvelle patrie française, que tous les discours de nos orateurs politiques !...

Mais le jeune fermier, pour être expert dans sa profession, n'en est pas moins Colon, c'est-à-dire besoigneux, quand il s'agit du liquide naturel si détesté des buveurs Bourguignons. Comme ses voisins les plus modestes, il a grand besoin d'eau. Sa *noria* n'en tire qu'à un niveau bien inférieur au niveau de son jardin futur ; il lui faut grimper encore cette eau, comme les vignerons de la Côte-d'Or regrimpent la terre de leurs vignes après la saison pluvieuse ; et voilà qu'il songe au *bélier hydraulique*.

Drôle de machine ! Elle marche, comme le miroir solaire, gratis !! Mais, quant à vous expliquer son fonctionnement, ô mes amis, pardonnez-moi, car je me trouve dans un cruel embarras !!!

La *noria* puise l'eau claire à trente pieds au-dessous du sol ; cette eau se déverse dans une petite cuve ; elle va de là dans une boule en fonte, où des clapets clapotent. — Tic ! Tac ! Tic ! — Comment donc clapotent ces clapets ? — Je cherche, je rumine. Peines perdues ! — Clapets clapotent sans nous dire leur secret.

Ce clapotement, inexpliqué pour nous, pousse, une partie de l'eau, si bien que la pépinière naissante du Bou-Zéhar est arrosée à vingt-cinq pieds de hauteur.

C'est Montgolfier, l'homme aux ballons, qui a découvert le *bélier hydraulique ;* mais pour apporter cette nouveauté si vieille jusqu'aux bords du Chéliff, il a fallu de l'audace... et de l'argent !

Que l'Algérie possède beaucoup de colons comme celui-là ; que les terres, concédées ou achetées, tombent sous la coupe de pareils agriculteurs ; que la Science — vous m'entendez bien !! — pénètre dans les *gourbis* et dans les *fermes* de là-bas comme dans les chaumières de chez nous, et le problème de la colonisation est aussitôt résolu !

Quel dommage que le zèle néfaste de feu LE PÈRE CRÉMIEUX ait empoisonné de notre politique jusqu'aux plus lointains refuges des Colons Algériens !!!...

VI

Une Concession

Précisément pendant que nous contemplons le mystérieux *bélier hydraulique* de la ferme du Bou-Zéhar, le roulement d'une voiture nous fait tourner la tête : c'est *Monsieur l'Administrateur* en résidence au bourg de Duperré, qui amène sa jeune femme en visite chez d'aimables voisins.

Les présentations faites, on s'attable ; et, dès le potage, la connaissance est achevée, les visiteurs, du reste, étant gens affables et du meilleur monde.

Au dessert, notre amphytrion tire l'un de nous à part : « l'Administrateur, dit-il, est chargé d'inaugurer quelque chose au village de Carnot, dimanche ; il doit y prononcer un discours sur les bienfaits de l'instruction du peuple ; mais il n'a pas l'habitude de ce genre d'allocution, et vous lui feriez bien plaisir... »

— « Compris ! Je suis heureux de pouvoir me rendre agréable... »

En effet, le jour suivant, nous déjeunions à Duperré, chez *Monsieur l'Administrateur* ; et, pendant que la société se livrait aux douceurs de la cigarette, l'invité griffonnait le discours officiel destiné aux quatre Colons de CARNOT.

Sur le bureau, devant nos yeux, s'étalaient des papiers administratifs, parmi lesquels un rapport de *Monsieur l'Administrateur* concluant à la déchéance d'un concessionnaire de terrains à CARNOT, pour cause de « *non occupation* PERSONNELLE *dans les délais réglementaires.* »

Après avoir parcouru le manuscrit du discours et chaudement remercié le Cicéron de passage, *Monsieur l'Administrateur* signe les documents étalés, met chaque pièce dans son enveloppe, expédie le courrier : le concessionnaire CARNOTIEN se trouvait ainsi bel et bien expulsé, avant même d'être entré en possession de son domaine ; et, le dimanche, les quatre Colons, demeurés fidèles au village de CARNOT, couvraient d'applaudissements le chef d'œuvre d'éloquence débité par *Monsieur l'Administrateur.*

Dès le lendemain, l'orateur reconnaissant pousse jusqu'au BOU-ZÈHAR. « Je vous en prie, dit-il au fermier, remerciez bien votre ami du travail qui m'a valu tant de succès. » — « Certainement, je le remercierai pour vous, répond le fermier, si s'il revient par ici ; mais je doute qu'il y revienne jamais, puisque vous l'en avez expulsé. » — « Moi ! Comment cela ? » — « Tout simplement ! Le Colon Carnotien, dont vous avez, l'autre jour, signé la déchéance, c'était... » — « Quoi ! C'était lui ! » — « Mon Dieu, oui, lui-même !! Vous l'expulsiez de sa concession, précisément pendant qu'il vous écrivait le fameux discours !!! »

Le pauvre *Administrateur* se laissa tomber sur une chaise.

La chose était parfaitement exacte.

La concession n'était pas un mythe :

1º *Deux hectares* de terres cultivables..... quand il ne fait pas trop sec.

2º *Vingt-cinq ares,* dans les environs du hameau, pour planter un jardin, cultiver des légumes, récolter des choux... en cas d'année phénoménalement pluvieuse.

3º *Quelques centiares,* attenant à la *Place de l'Eglise,* pour y construire une maison... quand, par hasard, on édifierait une église et que l'on constituerait une place.

Le tout, à condition de s'établir EN PERSONNE sur les quelques centiares.

Le village de Carnot, ou, pour mieux dire, l'emplacement destiné à ce village... futur, gît au pied de montagnes qui l'abritent des vents du Nord et l'exposent à toutes les ardeurs calcinantes du soleil de la *Vallée de la Soif.* « La vigne y croît à merveille » avait assuré la carte ministérielle des concessions disponibles en ce temps-là ; mais pas un sarment n'y avait encore été planté ; d'ailleurs, même au Bou-Zéhar, beaucoup moins caniculaire, aucun raisin n'avait pu mûrir, les grappes tombant desséchées, peu de jours après la floraison des ceps...

De la gare des Attafs, le concessionnaire avait contemplé sa commune, cuisant à quatre kilomètres de distance.

Un coup d'œil avait suffi pour sa complète édification : il avait VOULU VOIR, il avait VU.

Mais, pour un, que les documents officiels n'ont pas réussi à mystifier, combien d'autres en ont été les victimes !... La terre d'Afriqne a bien le droit de produire, à présent : le sang français l'a tant arrosée !...

VII

L'Hyène du Bou-Zéhar

« Entrez, Messieurs, Mesdames ! Vous y verrez... la plus terrible des bêtes féroces, l'HYÈNE, qui dévore... » — Elle ne dévore pas grand'chose, la pauvre bête ; mais il n'est pas un champ de foire où quelque misérable ménagerie n'exhibe ce lugubre quadrupède africain, et pas un montreur d'animaux qui ne brâme ce boniment. Aussi, les enfants tremblent, leurs bonnes de même, et, parfois aussi, les militaires... de ces dames.

Comment les simples spectateurs de la foire suspecteraient-ils cette annonce émouvante, quand Messieurs les Bacheliers savent tous que « les Hyènes sont des animaux nocturnes d'une *extrême férocité* ». Et la preuve, c'est que cette affirmation s'étale en tête de la page 223 du vieux manuel d'*Histoire naturelle* de Langlebert, manuel dont les aspirants-Bacheliers ont fait une si colossale consommation.

L'Hyène, comme le Crapaud, ne paye pas de mine ; elle porte comme lui le poids de sa laideur : elle n'est pas belle, tant s'en faut, avec sa tête basse et son regard en-dessous, avec ses poils rudes constamment hérissés, avec son train de derrière qui traîne.

Mais les *Arbis* riraient bien de nos fabricants d'His-Naturelle, s'ils pouvaient lire que l'Hyène est d'une extrême férocité : bête immonde, disent-ils, qu'on ne prend jamais la peine de tuer, parce qu'elle ne vaut pas une charge de poudre, et que les petits enfants pourchassent à coups de cailloux et de bâtons, quand elle se laisse par extraordinaire apercevoir en plein jour. Encore, si on la voit, c'est qu'elle s'était assez éloignée de son gîte pour ne pouvoir s'y recacher avant le lever du soleil. Animal nocturne, oui ; dangereux, aucunement !

A Pâques, nous nous trouvions à la ferme du Bou-Zéhar, dans la vallée du Chélif. Passe un Arabe, charriant deux lourds paquets, dissimulés sous les pans de son burnous ; il offrait à vendre deux Hyènes. L'on se contente de lui rire au nez ; il remporte sa marchandise odorante jusqu'à Duperré, le village voisin. Là, notre marchand découvre un acheteur Espagnol, qui lui prend sa bête la plus douce : le lendemain, l'Espagnol recevait à la main une morsure dont, quatre semaines plus tard, il portait encore la trace violacée et suppurante. — Un bon point donc, à M. Langlebert.

Mais l'*Arbi* repasse au Bou-Zéhar : « Pour trente sous ! » crie-t-il. — « En voilà vingt. Rô ! va-t-en ! » — Et il part, nous laissant la bête, que, séance tenante, on baptise du nom de Fatma.

Des yeux noirs magnifiques, qui regardent langoureusement, lorsque Fatma n'est pas effrayée ! Des yeux veloutés et brillants !! Pas l'ombre de férocité dans ces yeux noirs !!! — L'Espagnol de Duperré a dû se montrer brutal avec la sœur de Fatma.

La table est servie ; des chiens, des chats, des poules, des pigeons, peuplent autour de nous la salle à manger de la ferme ; les genoux et les épaules des convives, les coins de table et les dossiers des chaises, tout sert de couchette ou de perchoir. — « Et Fatma ? Elle doit avoir faim ! » — Un convive la prend par la peau du cou, la pose doucement sur ses genoux, et continue son repas : Fatma regarde, observe, se rassure, et, allongeant peu à peu le bout noir de son museau, mange délicatement dans l'assiette de son ami.

Pour logis, on lui donne une barrique de ciment vide, qu'on recouvre d'une grille en fer : elle y dort, le jour ; mais, la nuit, elle y danse.

Qu'on la sorte ou qu'on la rentre, toujours par la peau du cou, Fatma se laisse gentiment faire, pourvu qu'on lui parle d'abord, et qu'on avance la main vers elle sans brusquerie.

« Si nous la lâchions dans la cour ! » — La voilà lâchée ; elle fait le tour, d'un air de parfaite indifférence. Puis, crac ! Elle file par un entrebaillement de porte et se donne la clef des champs. Elle file, file, file ! Une broussaille se trouve sur sa route ; elle croit y découvrir un refuge ; une main s'y plonge et ramène Fatma par la peau, Fatma silencieuse, confuse.

« Comment la conduire à la Ville ? » — On la pose

dans un grand couffin, qu'elle remplit à pleins bords ; on ficèle le couffin. Et voilà Fatma en wagon, jusqu'au soir.

A l'arrivée, on la déficèle ; son maître la prend sur l'épaule : en route, pour aller visiter les amis. Partout, stupéfaction profonde ! Comment, la douce Fatma aux yeux noirs langoureux, c'est l'animal féroce des ménageries ? Les pédagogues — on en trouve même en Algérie — les pédagogues en frémissent et se tiennent à distance ; les bonnes gens caressent Fatma et la promènent d'épaule en épaule.

« Elle est jeune ! » Chuchottent les pédagogues récalcitrants. Parbleu, oui, elle est jeune, mais joliment sevrée, presque adulte. Ses jolies dents blanches montrent de robustes aspérités pointues ; et la viande ne la rebute pas, même faisandée.

Fatma fait le tour de la ville : enfants s'amusent, pédants rient jaune : c'est à qui flattera, transportera, hébergera la Fatma du Bou-Zéhar, la Fatma aux yeux noirs langoureux.

On lui cède un bûcher pour domicile. Elle y dort, le jour, comme dans sa barrique de la ferme. La nuit, ah ! la nuit ! quelle sarabande ! Elle s'ennuie, la pauvre Fatma du Bou-Zéhar, elle regrette ses compagnes et les buissons des bords du Chélif. Elle saute à enfoncer porte et muraille. Elle pleure à sa façon, en poussant des gémissements prolongés qui réveillent les voisines.

Et puis, c'est qu'elle est loin, fort loin, de rester inodore, notre Fatma. Dans la cour de la ferme, passait encore. Dans la maison, pouah ! La propriétaire montre des dents, aussi blanches que celles de sa locataire improvisée, mais plus mordantes, certes.

Fatma, chère Fatma, tu n'es pas créée pour vivre en garni. Retourne à la campagne, au grand air. On t'offre un asile dans la plaine. Va, et que le Dieu des animaux te protège contre les calomnies des bêtes pédantes !

Voilà Fatma partie dans une autre ferme, où sa chambre est une grande cage en bois. Elle a de quoi vivre, car son nouvel hôte est riche et généreux : elle se laisse caresser toujours et ne donne à ses beaux yeux quelque lueur de colère que quand un chien vient la flairer de trop près.

Malheureusement les barreaux de la cage sont un peu écartés : Fatma, la nuit, s'avise d'y glisser la tête ; une fois, la tête y reste prise ; et, le matin, ce n'est plus qu'un cadavre qu'on décroche d'entre les barreaux.

Pauvre Fatma ! Les enfants qui t'ont vue, caressée, promenée, portée, ne croiront plus aux animaux féroces des ménageries et des manuels du baccalauréat ! Pauvre Fatma ! Tes beaux yeux noirs, si langoureux, ne craindront plus la lumière du soleil : ils reposent maintenant dans l'ombre éternelle, pendant que ta peau, tannée par un amateur Maltais, nous sert de descente de lit !

Repose en paix, Fatma, douce Hyène du Bou-Zéhar !

VIII
Azis et Badaoui

BADAOUI, qui a fait ses études classiques au Lycée d'Alger, qui a suivi les cours de la Faculté de Droit de Paris, n'est pas le premier venu parmi les Arabes! Quand il s'accroupit dans un *Café Maure*, les *Arbis* font cercle et l'écoutent! De quoi vit-il?... C'est un mystère. Seulement, le Commissaire de Police, qui le fréquente, déclare que Badaoui est le plus dangereux des Musulmans de la région... Nous, qui ne sommes pas de la Police, nous admirons sans arrière-pensée les innombrables costumes, aux couleurs variées, mais toujours éclatantes, que Badaoui promène dans les rues, avec une élégance véritablement majestueuse.

« Bonjour, Monsieur l'Arc-en-Ciel! » lui disions-nous, un jour, en plaisantant. — « Mon cher ami, puisque nous avons les couleurs, pourquoi ne nous en servirions-nous pas? » répondit l'Arabe, de sa voix calme et douce.

Badaoui fréquente aussi les cafés européens; il ne paraît même pas craindre de scandaliser ses coréligionnaires en sirotant avec componction l'absinthe, en pleine terrasse de l'estaminet de la *Place d'Armes*.

Trois fonctionnaires civils et un voyageur faisant ainsi la causette, autour d'une table, avec Badaoui, l'on vient à parler de chevaux.

« Le premier que j'ai monté, dit le voyageur, s'appelait AZIS. Je débutais dans l'art du cavalier. Azis m'avait pris en affection, me protégeait, me donnait des conseils ; nous discutions ; chaque fois, il me démontrait que j'avais tort ; je finissais par obéir ; Azis me remerciait, en me promenant sans me jeter par terre... »

Les trois fonctionnaires souriaient, faisant mine de hausser les épaules ; Badaoui se taisait, prêtait l'oreille...

Et le voyageur continuait à raconter.

..... C'était loin d'ici, bien loin, jusqu'à la frontière du Maroc, sur le territoire occupé par la tribu des *Beni-bou-Saïd*, aux confins de celui des *Beni-Snassen*, tout au fond d'un ravin criblé de filons de minerai de plomb-argentifère, le ravin de GAR-ROUBAN.

Pour en sortir, il fallait grimper tout d'abord ; et le grand bonheur d'Azis était de grimper au galop ; pour s'offrir cet agrément, jamais il n'a demandé ma permission. Je me souviens même qu'à mi-côte, une grosse branche d'olivier, très basse, traversait le sentier, ne laissant au-dessus de la selle du cheval qu'un petit nombre de centimètres disponibles : à l'approche de l'olivier, Azis redoublait de vitesse, ployait subitement un peu les genoux, se redressait lestement, sitôt la branche passée, et riait, oui, le farceur d'Azis, il riait de la peur qu'avait ressentie son cavalier ; je n'avais eu, en effet, que le temps de me coucher à plat ventre sur le cheval, pour glisser avec lui sous la branche malencontreuse.

En revanche, quand le sentier descendait rapide, Azis avançait lentement, avec précautions ; et même, dans les pas difficiles, il ordonnait à son cavalier de descendre : « Tu m'embarrasses et tu nous ferais culbuter tous deux », lui disait-il, d'un coup d'œil. — Le pas franchi, Azis s'arrêtait de lui-même : « Maintenant, tu peux remonter en selle. » Et je remontais.

Mais ce qu'Azis n'a jamais oublié, c'était d'inspecter mes talons, avant de me permettre de m'installer sur son dos. « Tu n'es pas digne de porter des éperons ! » me criait son regard malicieux. Et, c'est après s'être assuré de la virginité de mes talons de botte, qu'Azis daignait se laisser enfourcher.

Un jour, que nous étions allés jusqu'aux ruines de la Zouia, village complètement incendié pendant une précédente insurrection, je descends, laissant Azis en liberté. — Qu'un bourriquot s'attache, d'accord ; mais un fier coursier comme Azis, ce serait lui faire injure, que de ne pas lui laisser la bride sur le cou ! — Quelques instants plus tard, je veux repartir : « Non, pas de cela ! » me dit Azis « A bas la cravache, ou je rue ! »

Je venais, en effet, de cueillir une badine de laurier-rose. — « Tu vois bien que ce n'est pas une cravache. » — « Oui, mais je connais ta maladresse ; et, sans le vouloir, tu me toucheras au flanc, je me secouerai, tu rouleras dans le ravin ; mieux vaut nous éviter un accident. Point de badine ! »

Voulant agir de ruse, je rentre dans le fourré, je place ma badine le long de mes côtes, je boutonne mon large paletot, je m'approche. — « Halte-là ! » me fait Azis. « Ce veston boutonné ne me dit rien qui vaille ! »

Je pivote sur mes bottes, je me laisse inspecter sur toutes les coutures, je bats des mains pour bien prouver qu'elles sont vides.

« Monte ! Mais j'ouvre l'œil !! » me déclare Azis, à bout d'inspection.

Oui, mais vingt mètres plus loin, j'avais déboutonné mon paletot, repris ma badine ; et nous galopions, Azis toujours méfiant, moi, tout glorieux d'avoir ainsi mystifié la spirituelle monture.

Tout d'un coup : « Un ! deux !!... » Je n'attendis pas le troisième signal. Me couchant tout de mon long, le menton sur le front du cheval, ma badine pendante au-devant de ses naseaux : « Eh bien ! oui, mon Azis, la voilà ! » Et je lance ma branche de laurier en avant. Azis, calmé sur-le-champ, foule du pied la badine, et reprend sa joyeuse humeur et son galop confiant.

C'était le soleil qui m'avait trahi : mon Azis, qui se tenait sur ses gardes, avait aperçu l'ombre du rameau faisant suite à celle de mon bras ; et, d'un coup sec des hanches postérieures, m'avait posé son ultimatum.

..... Pendant ce récit, les trois fonctionnaires civils avaient, par politesse, réprimé quelques bâillements. Badaoui, tout au contraire, la tête inclinée, les yeux dans les yeux du narrateur, semblait en boire les paroles.

« Vous connaissez le cheval arabe, vous ! » fit-il alors, d'un ton profondément ému.

Puis on se quitta, sur un serrement de main prolongé.

Qu'a pu devenir l'Arabe Badaoui ? Je l'ignore. — Mon brave Azis, qu'as-tu pu devenir !...

IX

De Mouzaïaville à Tunis

Blidah, même à la fin du mois de novembre, est toujours *la Ville-des-Roses*. Les vénérables souches des oliviers du *Bois-Sacré* portent encore jusqu'aux extrémités de leurs rameaux les fleurs purpurines, épanouies en foule, des rosiers grimpants ; les bosquets du *Jardin-Bizot* fleurent suave, comme en plein mois d'avril ; et si le calendrier s'entête à marquer « Automne », si les orangers commencent à dorer leurs fruits au soleil toujours brûlant, ce n'est pas moins « Printemps », que disent les fleurs et que chantent les petits oiseaux.

Le pays de Blidah serait véritablement un nouvel exemplaire du paradis terrestre, si les Blidéens n'étaient pas les moins hospitaliers des humains... Civils et militaires se regardent en chiens de faïence, journalistes s'injurient, politiciens s'entredévorent... En ce beau pays, comme ailleurs peut-être, la Créature lance une note discordante dans l'harmonie de la Création.....

Heureusement qu'il fait bon rêver sous les grands

platanes, dont le feuillage à peine jaunissant continue à couvrir de son ombre paisible les avenues qui de la ville conduisent en pleine campagne, au travers des massifs d'orangers !

La verdure blidéenne a plus d'attraits encore, lorsqu'on la compare à la poudreuse aridité de la capitale tunisienne, qu'un poëte Arabe, quelque peu Marseillais, je suppose, avait jadis l'audace de baptiser *Tunis-la-Jolie*.

TUNIS est bien loin d'ici, vers l'Orient ; mais enfin, par de nombreux zigzags, on peut y aller, et même en revenir.

..... C'était, il m'en souvient, le 28 août, second jour de la fête à Mouzaiaville, où nous déjeûnions chez l'ami *Benjamin Sardier*, à 14 kilomètres de Blidah. — Survient, par dépêche, une invitation d'un confrère Tunisien. — Réponse télégraphique : « Accepté ! »

Le soir même, retour à Blidah ; le jour suivant, dès l'aube, en wagon ; et, le mardi 29 août, midi sonnant, vogue le paquebot *Moïse !*

La mer est calme, le temps superbe. — Pendant la soirée, plusieurs heures de station en face de Dellys.

Toute la nuit sur mer. — Puis, mercredi, neuf heures d'escale aux abords de Bougie. — Mer unie comme glace. Soleil ardent. Cœur ferme. — La ville est petite ; les rues, grimpantes : la vue, splendide. — Le pont du navire est pavé de conscrits Algériens ; impossible d'y circuler ; aussi, quel délassement, que la promenade sur la côte !

Mercredi soir, nouvelle halte, au pied de Djidjelli, ville minuscule, propre, alignée. — Après une journée étouffante, une nuit presque glaciale.

En pleine obscurité, nouvelle station près de Collo. Trop noir pour descendre à terre. Mer toujours unie. Appétit merveilleux à toutes les tables. Mais impossible de fermer l'œil, à l'avant du *Moïse,* tant font de vacarme les treuils, les pompes, et autres engins à engrenages retentissants.

Jeudi, journée entière à Philippeville. — Une très longue rue droite, entre deux côtes escarpées ; les autres rues, grimpantes ; beaucoup d'animation. Vue admirable sur la mer.

A la sortie du port, le *Moïse* danse ; le cœur commence à prendre le chemin des lèvres ; mais rien de sérieux, qu'un moment de peur, et le sommeil se décide à venir. — Le pont, couvert maintenant de Kabyles entremêlés aux soldats, présente un aspect fantastique, au clair de lune. — Nuit glaciale, après une journée brulante.

Vendredi, du matin au soir, à Bône. — La partie européenne de la ville est assez belle et se construit bien ; mais pourquoi donc une statue à « Thiers, » sans aucune autre inscription ?... Les quartiers Arabes sont grimpants et populeux. Au dehors, de grandes lignes de montagnes. — Cette fois, c'est un pays bien vivant.

Le vendredi soir, *Moïse* file vers Marseille ; embarquement sur *La Ville-de-Rome.* — A peine le crépuscule commence-t-il à poindre, que tout le monde est sur le pont ; les conscrits sont restés en route ; on peut se mouvoir et se promener maintenant. — Ces jours derniers, les montagnes de la KABYLIE défilaient devant nos yeux ; aujourd'hui, ce sont celles des KROUMIRS, de la TUNISIE. — Journée splendide. — Avec son crayon, quelqu'un prend des croquis de rochers, et même d'un Indigène au sommet d'un monticule couvert de broussailles : les Kabyles, ébahis, regardent par-dessus l'épaule du dessinateur les allées et venues du crayon.

Samedi, à midi, le navire jette l'ancre en pleine rade, vis-à-vis LA GOULETTE.

Le confrère Tunisien me hèle, du fond d'un canot ; je me laisse glisser jusqu'à lui ; pendant trois quarts d'heure, nous sautons sur les vagues ; enfin, nous mettons le pied sur le rivage Tunisien.

Collation au Casino, tout au bord de la mer. Puis, en route pour la gare, et, quarante minutes ensuite, le train nous dépose à TUNIS !!!

X
Tunis

TUNIS ! Quinze jours d'arrêt !...

La ville s'étale doucement en amphithéâtre. — Par devant elle, un immense lac salé, que l'on prend tout d'abord pour un golfe sérieux, mais qui n'a qu'un mètre, deux au plus, de profondeur, et qui pue. — Derrière la ville, un second lac, salé aussi, mais dont l'eau s'évapore entièrement pendant les chaleurs, et dont le fond calciné brille au soleil comme un gigantesque miroir !

Au dehors des murailles, pas d'arbres, pas de verdure, un océan de poussière.

Au dedans, des rues étroites, des ruelles, propres dans les quartiers habités par les Musulmans riches, et désertes alors ; à moitié propres, mais animées, dans les quartiers du populaire industrieux ; dégoutantes, empuanties, impraticables, dans les quartiers israélites ; effondrées, le long des maisons européennes en construction.

Je vois, je revois, sans m'en lasser, les enfilades interminables de petites boutiques, où se fabriquent les coiffes rouges et les babouches, les étoffes brillantes et la sellerie couverte de broderies d'or. — Que de mouvement, quelle cohue, quel bariolage! — Et combien de toilettes étincelantes, harmonieuses malgré la multiplicité de leurs couleurs! — Et quels beaux échantillons de l'espèce humaine!

Nous visitons LE BARDO, les jardins de KASSAR-SAID, dont les splendeurs, tant célébrées, ne sont qu'une mystification. Nous avalons de la poussière à LA MANOUBA, qui n'est qu'un hangar à cavalerie, et nous rions alors de bon cœur au souvenir de *l'entrée triomphale de l'armée française à La Manouba*, décrite, dessinée, et vendue à ses naïfs lecteurs, l'année dernière, par une feuille jérômiste parisienne à un sou. — « La Manouba est à Tunis ce que Versailles est à Paris! » s'écriait le correspondant enthousiaste du journal. — Une petite page d'histoire de plus, et bien drôle, dans la collection déjà si merveilleuse des fantaisies du reportage!

Nous poussons, par chemin de fer, jusqu'à l'autre corne du lac, à HAMMAMLIF, où les Tunisiens vont se baigner.

Par voie ferrée encore, puis en voiture, nous revenons, juste en face, jusqu'à l'emplacement de CARTHAGE, esplanade rocailleuse, au milieu de laquelle des citernes colossales gardent seules leurs murailles debout. La chapelle française de SAINT-LOUIS domine toutes ces ruines ; les Missionnaires d'Alger, connus sous le nom de *Pères Blancs*, à cause de leur grand burnous, y ont fondé un collège ; mais les voilà qui déménagent, pour s'installer magnifiquement à Tunis même.....

Du haut de la terrasse de la chapelle, quel spectacle ! — Tout le golfe ; tout le lac ; au fond, Tunis ; là-bas, le pic de Zagouan ; par ici, la Méditerranée bleue ; et, planant sur cette éclatante immensité, les souvenirs émouvants de l'antique Histoire !...

En ville, chaleur étouffante. Aucune ombre nulle part, sauf celle des ruelles.

Le soir, point de gaz, de rares lumières, et des couteaux italiens aux coins des rues. Quand le soleil se couche, les poules en font autant et les Tunisiens font comme les poules ; pas un d'eux ne songe à se réjouir de la grâce accordée à l'Italien Meschino.

Il est vrai qu'on trouve alors nombreuse société dans les maisons : de gros moustiques, toujours affamés, laissant d'énormes cloches cuisantes partout où ils se sont posés.

Tout n'est pas rose pour les 130,000 habitants de la capitale Tunisienne. Pourtant, l'eau, qui vient par un aqueduc depuis le pic de Zagouan, est d'excellente qualité.....

XI

La Boîte aux Lettres

En France, toute lettre glissée dans une boîte postale en est soigneusement extraite, puis, saine et sauve, est transportée jusqu'au domicile du destinataire. Rien ne se perd, rien ne se détourne le long du chemin...... c'est admis. — D'ailleurs, il ne ferait pas bon le contester.

Mais dans les pays d'outre-mer, c'est bien différent ; surtout avant que l'Europe y ait, par la puissance des chassepots et des fusils Gras ou autres, fait pénétrer la civilisation.

En Tunisie, donc, c'est... — non, c'était — tout autrement qu'en France, avant l'invention du protectorat. Les boîtes aux lettres pouvaient recevoir, mais quand elles se décidaient à restituer leur proie, dans quel triste état, par Allah ! pouvait-on les obtenir !!!...

Quand je dis lettres, j'entends aussi *télégrammes* et autres missives de ce genre. L'essentiel, quand on est pressé de recevoir des nouvelles, c'est de les faire filer sous une forme quelconque, papier cacheté ou étincelle électrique, pourvu qu'elles arrivent.

Donc en ce temps-là, c'est-à-dire aux débuts de l'expédition française en Tunisie, le signor Eliséi Mercadiéri, jeune italien de distinction, parcourait le pays des Kroumirs à la suite des armées conquérantes et civilisatrices. L'habileté dont il avait donné des preuves dans le cours des missions reporto-diplomatiques à lui confiées à Berlin, Saint-Pétersbourg, Rio-Janeiro, Lima, Paris-Murcie, etc., etc., l'avait fait surnommer le *Prince des débrouillards*. L'on comptait sur sa perspicacité pour découvrir les plans des Tunisiens et raconter les campagnes des tirailleurs algériens et des zouaves à toute la presse italienne, fort curieuse, comme on sait, de tout ce qui se passe à l'ouest de Tripoli. L'agence romaine *Pognonissimi* ne lui mesurait point les appointements ni les gratifications ; il avait juré de tout voir, tout entendre, tout deviner, et tout écrire.

Pas du tout. Rome demeurait sans nouvelles ; et l'Italie se désolait du mutisme de son ingénieux reporto-diplomate.

Pourtant Mercadiéri n'épargnait pas les télégrammes ; car il avait des détails sur les allées et venues du principal corps d'armée au moyen du téléphone. — Mais chose mystérieuse, le long du fil posé à travers la Kroumirie, l'électricité téléphonique fonctionnait, tandis que l'électricité télégraphique disparaissait en route ; et les innombrables missives d'Eliséi Mercadiéri faisaient naufrage sur les monts ou dans les vallées.

Il fallait coûte que coûte découvrir le gouffre où s'engloutissaient les dépêches ; et donner une chasse impitoyable aux bandits qui ravissaient la prose élégante du signor Mercadiéri.

Le reporto-diplomate n'hésite pas. Il obtient du général un escadron de chasseurs d'Afrique et un officier très supérieur pour commander l'expédition (car, muni des bénédictions du Saint-Père, avant son départ de Rome, il avait grande influence sur les troupes). — Et voilà commencée la chasse effroyable...

On va, on court, on grimpe, on descend, on se précipite.

Enfin !.....

Au milieu d'une vallée solitaire, le fil télégraphique posait bien au sommet d'un robuste poteau. Mais un serpent monstrueux, enroulé sur le bois, allongeait son horrible tête sur le fil, et, ouvrant une gueule immense et terrifiante, avalait au passage la prose d'Eliséi Mercadiéri !

Au bas du poteau, quelques débris de télégrammes, sur lesquels, Mercadiéri se précipita fiévreusement. Oui, mais tronqués, racornis, desséchés, tristes restes de tant d'éloquence.

Le commandant sonne la charge ; l'escadron s'ébranle ; un choc retentit, puis le monstre rend à l'enfer son âme empoisonnée. Et, pour que le souvenir de ce drame se conserve jusqu'aux temps les plus reculés, un grand dessinateur florentin, le signor Lichessy, le fixe à jamais de son crayon sur une toile impérissable, pendant que l'illustre prosateur Costardi et le doux rimeur Corblérissi le traduisent et le publient dans le plus beau langage.

La presse italienne, au lendemain de la chasse au monstre ravisseur des dépêches, fut unanime à féliciter l'agence *Pognonissimi* d'avoir choisi pour la représenter un reporto-diplomate de la trempe du signor Eliséi Mercadiéri. Le gouvernement lui-même fut contraint de rendre justice ; et quand Mercadiéri passe aujourd'hui sur les boulevards de Rome, les passants se découvrent et les sentinelles présentent les armes, car, à la boutonnière du glorieux reporto-diplomate s'apanouit une rose purpurine officielle, marque péremptoire de sa valeur et de son honneur.

XII

De Tunis à Mouzaïa

..... Après bien des ondées, le lundi 18 septembre, retour à La Goulette. Le paquebot *La Ville de Bône* nous mène en pleine mer, à cinq heures du soir. — Le navire est peu chargé ; il danse rudement ; mais nous sommes devenus marins, et personne ne bronche. — Mardi matin, rentrée à Bône.

Sitôt déjeuner, en wagon. — Coucher à Guelma, petite ville propre, tirée au cordeau. — Le jour suivant, le train nous plante, ou plutôt nous perche, à Constantine. Il nous faut coucher là deux fois, pour bien visiter cette ville, juchée tout au faîte d'un immense roc taillé à pic ; nous grimpons, nous descendons, nous arpentons les sommets et les profondeurs. C'est inimaginable. — Puis, nous reprenons le train, et nous arrivons à Sétif, qu'on dirait une reproduction de Guelma, mais à onze cents mètres au-dessus de la mer.

Samedi 19 septembre, à trois heures du matin, en diligence.

D'abord, de jolies vallées, cultivées admirablement

par les Kabyles ; puis les gorges du CHABET, dont les roches verticales s'en vont jusqu'aux étoiles ; puis une vallée luxuriante ; puis trente-cinq kilomètres de route serpentant le long de la Méditerranée ! — Journée merveilleuse. — Le soir, à BOUGIE.

Vingt-quatre heures ensuite, le paquebot *Alger* me prend à son bord. Un orage fait rage toute la nuit, paraissant nous poursuivre ; mais le vacarme se maintient dans l'air, et je dors. — Lundi, 25 septembre, nous ancrons dans le port d'ALGER. Des amis viennent m'enlever du bord, malgré l'averse, et me dorlottent chez eux.

Puis, je refile me sécher à MOUZAIAVILLE, et terminer la fête commencée, mais si brusquement interrompue, le mois précédent, chez l'ami BENJAMIN SARDIER.

www.ingramcontent.com/pod-product-compliance
Lightning Source LLC
LaVergne TN
LVHW021720080426
835510LV00010B/1069